AF267272

IMPRIMERIE DE CONSTANT-CHANTPIE.

APERÇU

DE

LA SITUATION FINANCIÈRE

DE

L'ESPAGNE,

PAR LE COMTE ALEXANDRE DE LABORDE,

DÉPUTÉ DE LA SEINE, MEMBRE DE L'INSTITUT, etc., etc.

SECONDE ÉDITION,

REVUE ET AUGMENTÉE.

Ex nihilo nihil.
PERSE, *sat.* 3.

PARIS,

CHEZ L'ÉDITEUR DES TABLETTES UNIVERSELLES,
Rue Rameau, n° 6;

ET CHEZ TOUS LES PRINCIPAUX LIBRAIRES.

1823.

APERÇU

DE LA SITUATION FINANCIÈRE

DE L'ESPAGNE.

ON s'occupe beaucoup depuis quelque temps de savoir si le gouvernement espagnol doit ou ne doit pas remplir les engagemens qu'il a contractés à différentes époques, sans chercher à connaître s'il est véritablement en état de le faire. On s'enfonce dans les subtilités du droit sans songer aux difficultés de fait. Nous avons pensé qu'un aperçu des finances anciennes et modernes de l'Espagne serait le meilleur moyen d'éclaircir cette question et de mettre à portée de juger le degré de confiance qu'on peut avoir dans les valeurs quelconques qui proviennent de cette source. Nous diviserons cet aperçu en époques afin d'éviter la confusion des temps et des chiffres.

Finances de l'Espagne jusqu'en 1808.

L'état des finances d'un pays est en général relatif au degré de prospérité dont il jouit, et par la même raison l'état de l'industrie et de l'agriculture donne une idée des charges que le pays peut supporter. Il n'en est point ainsi de l'Espagne, où le gouvernement lutte en vain depuis long-temps contre la gêne et le discrédit, tandis que la plupart des provinces de ce royaume sont parvenues à un haut degré de culture, et que toutes, avec une bonne administration, y parviendraient bientôt. La cause d'une semblable contradiction se trouve dans les institutions, qui détournent de leur destination naturelle les produits de la matière imposable, pour les faire couler et tarir dans des canaux improductifs, institutions qui paralysent dans les classes inférieures le goût du travail et de la propriété en même temps qu'elles éteignent dans les hommes éclairés tout sentiment, tout espoir d'amélioration.

Le clergé possède encore en Espagne, malgré les nombreuses ventes qui ont été faites à différentes époques des biens de l'église, un revenu plus considérable que la totalité des impôts ; il perçoit par la dîme, qui fait plus de la moitié de son revenu, la seule portion que les contribuables fonciers pourraient affecter aux besoins de l'état et paralyse ainsi tout système raisonnable de finance ; le gouvernement réduit à la perception d'impôts indirects, devenus insuffisans, est obligé de combler chaque année, par des emprunts onéreux ou des émissions de valeurs, la différence entre la recette et la dépense.

Les revenus de la couronne d'Espagne, avant 1808, consistaient en *rentes générales et provinciales* (1), ou autrement douanes, monopoles du sel et du tabac, accise sur l'huile, le vin, et tous les objets de consommation qui à cet effet ne pouvaient être vendus qu'au marché public, en droits de timbre, en impôts divers sur le clergé (2), et dans les revenus de l'Amérique (3). Ces impôts montaient environ à 700,000,000 de réaux, ou autrement 170,000,000 de francs ; ils étaient absorbés et au-delà par l'entretien d'une armée et d'une marine considérables, les frais de recouvrement, et principalement les intérêts de la dette constituée : il ne restait donc au-

______

(1) Voyez Bourgoing, Espagne, tome 3 ; Laborde, Itin., tome 4 ; Cohen, p. 172, et surtout Galiardo, *Rentas de Espana*.

(2) Les impôts sur le clergé portaient principalement sur les portions de la dîme concédées à la couronne à différentes époques, sous les noms de *noveno*, *tercias reales*, etc., et sur la jouissance des premiers mois et demi-année des bénéfices conférés, et le tiers du revenu de tous ceux qui avaient 600 ducats de rentes ; ils s'élevaient à 42 millions de réaux.

(3) Ces revenus ne consistaient point en propriété de mines d'or ou d'argent, comme beaucoup de gens le supposent, mais en droit sur l'exploitation de ces mines, le monnayage et l'importation ; et de plus, dans les mêmes impôts indirects de tabac, de papier, de timbre, de douanes, d'alcabala, de bulle de la crusade, en usage sur le continent, ils rendirent, en 1791, 141,000,000 ; mais, depuis cette époque, l'exploitation des mines ayant quadruplé, les droits augmentèrent dans la même proportion. Tous frais déduits, ils s'élevaient à 200,000 millions de réaux. (*Voy.* Itinéraire, tom. 4, p. 503, et Humbolt, tom. 3.)

cune ressource pour les cas extraordinaires, et lorsque les revenus de l'Amérique vinrent à manquer, le gouvernement se trouva dans l'impossibilité de payer non-seulement les intérêts de ses engagemens, mais encore les dépenses courantes nécessaires à l'état politique où il s'était placé. Nous allons jeter un coup d'œil sur les dettes contractées à différentes époques.

Philippe V, à son avènement au trône, trouva déjà l'état chargé d'une dette assez considérable, qui, augmentée par les dépenses de son règne, s'élevait à sa mort à 800,000,000 de réaux, en capital. Son successeur, Ferdinand, soumit à un conseil nommé par lui, la question de savoir s'il était tenu de payer ces dettes ; et sur la réponse négative de ce conseil, il crut sa conscience en repos ; mais Charles III, prince vertueux qui régna après lui, pensa ne pouvoir mieux employer les économies faites par son prédécesseur qu'à réparer le tort qu'il avait causé. Il paya plusieurs à-comptes chaque année de 1762 à 1769, et aurait fini par tout rembourser, si la guerre d'Amérique ne l'avait forcé de suspendre ces paiemens, et de négocier même de nouvelles valeurs sous la forme de billets ou autrement *vales* royaux pour environ 200,000,000 tournois. Ce sont là ces éternels *vales* qui n'ont cessé, par leur émission successive, de rendre impossible toute liquidition, puisqu'au moment où on trouvait le moyen d'en amortir une certaine quantité, des événemens nouveaux survenaient qui nécessitaient une nouvelle création. L'institution de la banque de Saint-Charles, et la vente de quelques fondations pieuses, furent d'un faible secours pour ranimer le crédit; il existait en 1796 des *vales* pour 1,500,000,000 de réaux, sans compter une dette considérable non mobilisée; ces valeurs flottantes, sans garantie, sans caisse d'amortissement, car on ne peut appeler de ce nom la chambre de consolidation, qui formait un bureau du ministère des finances, se soutinrent cependant assez long-temps, et même à la paix d'Amiens, reprirent faveur; mais en 1803, elles commencèrent à déchoir, et ne valaient guère plus de 25 à 30 pour cent en 1808. Les dettes des gouvernemens absolus ont pour régulateur les événemens où la volonté du prince; celles des gouvernemens constitutionnels ont seules la fixité de bonnes institutions, qui savent maîtriser les événemens.

Finances de l'Espagne de 1808 à 1820.

Un changement de gouvernement en Espagne devait apporter dans ce pays les mêmes innovations que la révolution avait introduites en France. Napoléon, ne réclamant que pour lui seul le pouvoir, sans obligation envers le passé, ni prédilection pour ses vieux usages, croyait de son intérêt d'indemniser les peuples par les bienfaits de la philosophie et des lumières; on ne le vit jamais en France por-

ter atteinte aux grands actes du nouvel ordre social ;
l'abolition des priviléges , la vente des biens ecclésiastiques, la répartition égale des impôts, la to-
lérance des cultes, l'égalité devant la loi, etc., etc. Il
voulait, au contraire, étendre chez les autres peuples ces avantages précieux, et suppléer, par une
administration habile, au défaut d'intervention sociale qu'il ne lui convenait pas d'accorder. Par son
ordre et à son exemple, ceux qu'il envoyait gou-
verner sous le nom de roi, s'entouraient des hommes les plus éclairés, et s'abandonnaient à leurs
conseils. Les Josephinos (1) en Espagne étaient la plupart gens de haut talent (2). Forts de la confiance
du souverain, ils s'occupèrent de la régénération
de leur pays; mais tandis qu'ils y travaillaient, un
autre gouvernement établi dans le fond de la Péninsule s'occupait également d'une réforme générale.
Les cortès, réunis à Cadix, composaient leur trop
célèbre constitution, et par un singulier accord, les
mesures que les deux gouvernemens adoptèrent
étaient les mêmes, c'est-à-dire l'abolition de l'inquisition, la réduction des majorats trop éten-
dus, la suppression d'un grand nombre de monastères, l'application de leurs biens à l'extinction de la
dette publique, et surtout l'établissement d'un meil-

---

(1) On appelle ainsi les personnes qui occupèrent des emplois
sous le nouveau monarque.

(2) Asanza, O'Farell, Almenara, Urgijo, Cabarrus, etc., etc.

leur système de contributions. En observant cette concordance de vues à des distances si éloignées entre une assemblée démocratique, et les ministres d'un prince absolu, il ne fut plus possible de douter que la marche adoptée ne fût la meilleure à suivre, et malheureusement les circonstances ne permirent d'aucun côté qu'elle fût mise à exécution ; le nouveau souverain, entouré d'une armée de 200,000 hommes, qui vivait aux dépens du pays, obligé d'en combattre une autre de pareille force, qui agissait de même, perdant une province pendant qu'il en conquérait une autre, ne put établir aucun système complet d'administration. Les cortès confinés à Cadix le pouvaient moins encore, et, à l'exception de la vente d'une certaine quantité de biens ecclésiastiques, les choses n'avaient point changé lorsque Ferdinand remonta sur le trône en 1814. Ce prince, voyant avec un égal déplaisir les cortès qui avaient voulu mettre des bornes à sa puissance, et les Josephinos qui avaient concouru à l'usurper, éloigna les uns et les autres, et aboli tout ce qu'ils avaient essayé de créer; il rétablit l'inquisition et même les jésuites, rendit aux couvens les biens qui avaient été vendus sans restitution aux acquéreurs du prix de vente, remit en vigueur les anciens impôts; et pour n'avoir pas besoin de se créer dans le pays de nouvelles ressources, entreprit de retrouver les anciennes en conquérant l'Amérique.

Cependant la pénurie des finances, le délabrement de l'armée et de la marine, les autres difficultés de situation lui faisaient sentir la nécessité de suivre une autre marche. Il plaça alors sa confiance dans un homme sage et désintéressé, don Martin Garay, qui osa lui proposer un nouveau système et d'utiles réformes. Le plan de M. Garay consistait à peu près, comme celui des cortès, à établir une contribution foncière générale, sans distinction de provinces ou d'individus; à éteindre la dette publique par la vente de biens ecclésiastiques (1); à imposer extraordinairement les majorats, et à faire d'utiles réformes dans l'administration financière, militaire, civile.

Trop d'intérêts se trouvaient froissés par ce projet pour qu'il pût facilement s'exécuter; cependant le roi le soutint long-temps, mais il finit par l'abandonner; son auteur fut exilé comme plusieurs de ses prédécesseurs, et les choses restèrent dans le même état, jusqu'à la révolution de l'île de Léon, et l'acceptation par le roi de la constitution, le 7 mars 1820, qui commence pour l'Espagne une nouvelle ère financière.

____

(1) Cette mesure ne fut pas adoptée par le roi, mais il permit à son ministre de solliciter l'autorisation du Pape, qui aurait alors entraîné sa résolution. Cette autorisation fut accordée, mais excessivement restreinte, et presque nulle; elle arriva d'ailleurs quant le ministre n'était plus en place.

Finances de l'Espagne depuis le 7 mars 1820,
jusqu'à nos jours.

La révolution qui venait de s'opérer, et le rétablissement du gouvernement constitutionnel, causèrent en Espagne un sentiment général d'espérance. C'est une erreur de croire qu'une poignée de soldats insurgés, au bout de la Péninsule, aient opéré ce grand mouvement; ils en furent les organes, les instrumens peut-être, mais non les mobiles. Il eut lieu simultanément dans toutes les provinces avec plus ou moins de force. Les hommes sages de tout le pays soupiraient après une régénération, et ils devaient saisir les premiers moyens qui s'offraient d'y parvenir. Aucun d'eux ne contestait les imperfections de la constitution de Cadix; mais on en voulait une quelconque, et surtout une administration éclairée. Alors en effet on vit paraître avec éclat dans les provinces, ces hommes sur lesquels leurs concitoyens portent long-temps leurs regards en silence tant qu'ils sont comprimés, mais auxquels ils manifestent leur estime et accordent leur confiance dès qu'ils en ont le pouvoir. Les cortès qui se sont succédés depuis 1820, et les différens ministères ont sans doute fait de grandes fautes qu'il est impossible d'excuser. On ne peut nier qu'ils n'ont pas connu leur position, surtout les cortès de 1822 et 1825 (1); qu'au lieu de se borner à des changemens utiles pour l'avenir, ils auraient dû contenir d'une main ferme les factions en présence, agir avec plus d'énergie, et satisfaire plutôt à l'impatience des peuples; mais quelles qu'aient été leurs fautes et leurs malheurs, plusieurs hommes d'état parmi eux ont montré de grandes connaissances en économie politique et en administration; et l'histoire prononcera toujours avec distinction les noms du comte Torreno, Arguelles, Martinès de la Rosa, Mosccoso, Alava, Callatrava, Questa, etc.

Le ministère de 1820 se trouva dans une position absolument semblable à celui de 1808, après les événemens d'Aranjuès; le pays était administré de la même manière, mais obéré de plus de toutes les dettes contractées pendant douze ans de guerre et de trouble, et privé des ressources qui existaient encore à cette époque. Le trésor était vide, les troupes sans habits (2), les créanciers de l'État sans

---

(1) Un des grands défauts de la constitution de Cadix était de fixer à deux ans la durée des pouvoirs, et d'interdire aux membres des derniers cortès le droit d'être nommés dans les nouvelles; les hommes les plus habiles furent par là éloignés des affaires; l'assemblée constituante fit en France la même faute, et des maux plus graves en furent la suite.

(2) L'armée n'était pas habillée depuis six ans, et il était dû, sur la paie de l'infanterie, 5o millions, et sur celle de la cavalerie 24. Il en était de même de la marine, à laquelle il était dû des sommes énormes qui remontaient jusqu'à Charles IV.

(15)

pain ; il fallut alors aborder franchement la situation et ne plus se faire un moment d'illusion ; mais comme il est difficile d'improviser un nouveau système de finances , les cortès décidèrent qu'ils suivraient l'ancien, jusqu'à la session de 1821 , et nommèrent un comité , présidé par M. le comte de Torreno , et composé d'hommes habiles (1) chargés de présenter un travail complet sur ce sujet ; ce qui eut lieu en effet dans la session de 1821. Le premier objet qui fixa l'attention de ce comité, fut la dette publique ; elle s'était élevée à la somme immense de 14 milliards de réaux. On établit une junte pour reconnaître et consolider les titres, et les cortès rendirent un décret qui mettait à la disposition de ce comité une masse de biens-fonds ecclésiastiques et communaux, suffisant pour rembourser toutes les créances et anéantir cet énorme fardeau (2). La vente de ces biens sans bulle du pape et sans autre garantie, fut d'abord très-lente, plutôt cependant par la faute de l'administration et la difficulté de se procurer des *vales* en province , que par défaut d'acquéreurs ; mais chaque année ajoutant à la confiance, elle devint plus active,

---

(1) Il était composé de MM. Cuesta, Mosccoso, Sierra y Pambley, Androla, Oliver, Zubia, Questo, Calderon, auxquels on adjoignit M. Uniarte. Le comte de Torreno, président, rédigea et lut un excellent rapport sur le projet de décret.

(2) Décrets du 8 et du 28 novembre.

et en trois ans il en a été aliéné pour plus d'un milliard de réaux. Les négocians ou capitalistes des provinces, n'ayant point l'emploi de leurs fonds dans le commerce, les portèrent à ce nouveau genre de placement; d'un autre côté, les ventes s'effectuant en *vales*, ces créances reprirent crédit, et présentèrent une singulière variation de hausse et de baisse suivant les systèmes qu'on suivit. (*Voyez* Appendice, lettre A).

Après les soins consacrés à l'extinction de la dette, les ministres et les cortès s'occupèrent du budget; la partie des dépenses présenta peu de moyens de réduction; la liste civile avait été fixée par le roi lui-même, et on respecta sa volonté (1). Les deux charges les plus pesantes des ministères de la guerre et de la marine ne pouvant être allégées dans un état aussi précaire, et lorsqu'on était menacé au dedans et au dehors, il fallut se borner à des améliorations de gestion qui eurent lieu en effet dans la perception des impôts, l'abus des pensions et le personnel de l'administration (2). Le budget de

---

(1) Elle est le dixième du revenu de l'état, tandis que celle de France n'est pas le vingtième, et celle d'Angleterre le quarantième.

(2) La perfection de l'administration financière consiste dans la promptitude des recouvremens, la garantie des fonds et la simplicité des rouages pour économiser les frais de perception; ces qualités manquaient à l'ancien système de finance et furent le résultat du nouveau : le décret du 12 juin 1821 établit une

1820 s'éleva à une dépense de 702,802,304 l., celui de 1821 à 756,214,217, celui de 1822 à 664,813,314. (*Voy.* App., lettre B.)

Le chapitre des voies et moyens présentait plus de difficultés encore et moins d'espérance; les anciennes recettes avaient été diminuées de plus de 200 millions de réaux que produisaient au trésor les colonies; de 50 millions que donnaient de plus les douanes, dans le temps d'un commerce prospère; il fallut d'abord suppléer à ces deux déficits; le gouvernement conçut l'idée de les couvrir par une contribution directe, répartie sur l'agriculture, l'industrie et le commerce, à peu près comme le *property-tax* en Angleterre, et la réunion en France de l'impôt foncier et des patentes. Il fixa cette contribution à 150 millions de réaux pour les terres indistinctement, et pour en faciliter les paiemens, il diminua de moitié la dîme prélevée par le clergé, et qui forme en effet le quart du produit net du contribuable : il calcula que l'impôt établi de cette manière, et sur une dîme de plus de 400 millions, laissait

---

administration analogue à celles de France et d'Angleterre, mais plus simple, et qui apportait une économie de 1617 employés sur 2,246, et de 12,768,000, sur 29,308,017; on calculait que les directions générales nouvelles, avec tous les employés qu'elles comportent, ne devaient pas porter les frais de perception, l'un dans l'autre, à plus de 13 à 14 pour 100. Un état comparatif des principales de ces dépenses se trouve dans le deuxième rapport de la commission des finances aux cortès du 25 avril 1821.

encore à l'agriculture 100 millions de bénéfice (1). L'impôt sur les maisons fut fixé à 20 millions de réaux, ce qui ne fait pas 5 p. 100 du produit net (2); celui des patentes, fixé à 20 millions, était également modéré. Pour balancer ce surcroît de charge, les cortès réduisirent à cent millions l'impôt sur les consommations en l'étendant sur toutes les provinces ; avant 1808, ainsi que nous l'avons dit plus haut, ces sortes d'impôts, connus sous le nom de rentes provinciales, grevaient entièrement les consommations, ne touchant aucunement aux revenus des terres et des maisons. Par le projet des cortès de 1812, et le plan de Garay, on tombait dans l'excès contraire en faisant porter tout le poids sur la propriété. Cette combinaison des impôts di-

---

(1) Cet impôt ne revenait qu'à 15 réaux par tête. En général on peut remarquer que les cortès ont procédé avec une extrême modération dans la détermination de la nature de l'impôt, et qu'ils ont pris en considération l'état précaire dans lequel se trouvait la nation. 150 millions d'impôt territorial ne font pas 10 pour 100 du revenu des terres, puisque celui-ci était de 1,600 millions de réaux, d'après le cadastre exécuté dans le temps de Ferdinand VI, dans les vingt-deux provinces de Castille, et d'après celui de Catalogne, fait sous Philippe V, et des relevés des baux dans les autres provinces.

(2) Il y a en Espagne, d'après le recensement fait en 1797, 1,949,577 maisons. La guerre de l'indépendance les a réduites à 1,700,000 ; le revenu de chacune étant, l'un dans l'autre, de 280 réaux, le revenu total sera de 476 millions, dont 20 millions ne font pas 5 pour 100.

rects et indirects , seul système raisonnable, est due aux cortès de 1820 ; mais nonobstant ces heureuses dispositions , il se trouvait malheureusement que les dépenses excédaient encore les recettes pour 1820, de 172,408,033; pour 1821 , de 81,214,217 , et pour 1822 , de 102,013,324.

Si les cortès avaient été composés de révolutionnaires, comme on ne cesse de le répéter, ils auraient facilement couvert ce *déficit* par des emprunts forcés , des cédules hypothécaires, des assignats, d'autres mesures violentes que les circonstances font excuser lorsque le succès les couronne, et auxquels plusieurs nations ont dû leur indépendance; mais, rejetant de pareils moyens, ils procédèrent avec l'ordre et la bonne foi de tout gouvernement régulier. Ils pensèrent alors qu'au lieu d'arracher au peuple ce surcroît de paiement, il valait mieux le répartir par l'excellente voie des emprunts sur un nombre considérable d'années. Ils ouvrirent alors des négociations avec les maisons de Lafitte, Hubbart et Ardouin, qui dans l'intérêt de leurs commettans, stipulèrent et obtinrent toutes les garanties qu'il était possible de désirer. Cet emprunt fut séparé de la dette ancienne, et le paiement des intérêts fut porté au budget du ministre des finances ; un fond d'amortissement lui fut assigné, et il fut créé un grand livre pour la rendre plus facilement négociable. Les paiemens de cet emprunt s'effectuèrent exactement, et entrèrent au trésor en même temps que le produit des contributions; ils furent employés également à toutes les charges de l'état, à tout le mouvement de l'ordre social depuis le paiement de la liste civile jusqu'à l'entretien des routes et des ponts. Et la pensée que le gouvernement espagnol pourrait être dégagé de cette dette par les nouveaux événemens, serait aussi absurde que d'établir que les contributions perçues à cette époque et dépensées de la même manière auraient été mal payées et qu'il faudrait les acquitter de nouveau. Ce n'est point aux cortès que les capitalistes prêtaient, mais aux contribuables dont ils allégeaient le fardeau, et aux fonctionnaires de toute nature civile, militaire, judiciaire, qui, dans cette hypothèse, devraient donc chacun restituer leur quote-part. La moindre idée, je ne dis pas de justice, mais de bon sens, aurait dû empêcher d'établir une semblable question; malheureusement, je le répète, ce n'est point sur la volonté ou l'obligation du gouvernement de reconnaître ces valeurs que doit porter l'inquiétude de ceux qui les possèdent, mais sur le plus ou le moins de possibilité que ce gouvernement aura de les acquitter : ce que nous examinerons plus loin.

D'après cet exposé de l'administration des cortès, on voit que le temps seul leur a manqué pour remédier à tous les maux dont ils étaient entourés; avec le temps, ils auraient acquitté la totalité de la dette par la vente successive des biens de mainmorte; avec le temps, cette division nouvelle de la propriété aurait doublé le revenu de la contribution foncière; les nouveaux moyens d'échange auraient augmenté également le produit des douanes, de l'accise et des monopoles. Enfin le rétablissement du crédi aurait ouvert toutes les voies d'amélioration; mais rien de tout cela ne put s'effectuer. Les cortès et les ministres, tourmentés par des intrigues intérieures et extérieures, par le zèle imprudent de leurs amis et la haine implacable de leurs adversaires, par les exagérés de tous les partis, et, par dessus tout, par une force étrangère bien organisée, ont dû succomber. On sait quel a été leur sort jusqu'au 1ᵉʳ octobre 1823.

Etat actuel des finances de l'Espagne.

Quoique les premiers actes d'autorité du roi d'Espagne, rendu à la plénitude de son pouvoir, aient été, comme à son retour en 1814, de remettre les choses sur l'ancien pied, de rétablir le conseil de Castille, avec toutes ses attributions (1), de rendre aux communautés religieuses les biens qui en avaient

---

(1) Ce conseil et sa *sala de Gobierno* ont fait autant de mal à l'Espagne que la centralisation en fait encore en France en attirant toutes les affaires dans la capitale, et mettant ainsi des entraves et des difficultés à tous les genres d'amélioration dans les provinces : c'est un rouage inutile et dispendieux.

été distraits, de mettre même à la disposition des évêques, pour être réorganisés, les couvens abandonnés,
nous ne pouvons penser que ce prince persiste dans
un système dont il a éprouvé deux fois les inconvé-
niens. Quoiqu'on annonce, en son nom, qu'il ne
reconnaîtra pas les derniers emprunts, nous ne
pouvons croire à cette mesure, qui serait aussi fu-
neste au crédit de son gouvernement qu'aux mal-
heureux dont elle occasionerait la ruine. Mais sans
discuter ces graves questions, nous contribuerons
peut-être à les résoudre en présentant le tableau
comparatif de la situation future de l'Espagne, sous
l'ancien et le nouveau système, c'est-à-dire si elle
adopte le mode d'administration tel qu'il existait
en 1808, et qu'il fut rétabli en 1814, ou si on suit
les erremens nouveaux conçus sous le règne de
Charles IV (1), développés sous les gouvernemens
qui se sont succédés, adoptés enfin par le roi, sous
le ministère de Garay, et dont les heureux essais
ont prouvé dernièrement l'efficacité.

---

(1) Il fut décidé en 1805 que les biens des monastères seraient
mis en vente. Une bulle du Pape autorisait l'aliénation du *sep-
tième* de ces établissemens, et on aurait facilement obtenu l'extension de cette mesure. Le roi Joseph n'a fait que suivre cette
disposition.

Etat futur de l'Espagne, si on persiste dans l'ancien système.

La dette de l'Espagne ne rapportant point intérêt, s'élève à 7,205,792,028 de réeaux (v. App. C.);
la dette rapportant des intérêts fixés à 5 pour 100
par les cortès (v. App. D.), monte à 6,814,080,365,
en totalité plus de *quatorze milliards*. En admettant
qu'on regarde la première dette comme non avenue,
ce qui serait pourtant déjà une demi-banqueroute,
les intérêts de la seconde feront toujours une
somme annuelle de 340,736,018; les dépenses d'ab-
solue nécessité pour l'année courante, telles
qu'elles ont été établies par le dernier projet de
budget en mars 1822, s'élèvent à 861,591,646, ce
qui fait par conséquent une dépense annuelle de
1,202,327,664. Les reyenus, suivant les anciens
impôts, et en déduisant les rentrées des colonies,
ne s'élevaient pas au-delà de 450 millions de réaux,
et d'après le nouveau système de contribution des
cortès, et suivant leur dernier budget, à 550 millions, mais en appliquant la moitié de la dîme au
paiement de la contribution foncière; si on la ren-
dait au clergé, on pourrait à peine compter sur
400 millions : or, comme les recouvremens ont
toujours été au-dessous de ce qu'on espérait, on
ne peut guère compter sur une recette de plus de
300 millions. Canga-Arguelles, dans son rapport, ne

l'estime même qu'à 183 millions; ainsi les recettes, dans les meilleures hypothèses, ne formeraient encore que le tiers des dépenses; l'intérêt seul de la dette consolidée serait égal à tous les revenus de l'état; et en faisant même la banqueroute totale, les revenus de l'état seraient encore de 400 millions de réaux au-dessous de ses dépenses. Je doute qu'il puisse exister une situation financière plus déplorable. Dans cet état de choses, on avouera que la consolidation des nouveaux emprunts est bien indifférente, puisqu'il n'existe évidemment aucun moyen d'y faire face; mais l'idée d'en ouvrir un nouveau sur de pareilles bases, est une des plus singulières conceptions qu'on ait pu imaginer. Les affectations ou nantissemens qu'on y joint ne rendent l'entreprise que plus ridicule. Quand a-t-on jamais vu la spécialité être d'aucune sûreté en matière d'emprunt? Et en admettant même ce genre de privilége, de catégorie en probité, quelle sera la garantie de ces garanties? Non, ce n'est point ainsi que l'Espagne retrouvera du crédit. Un bon système de gouvernement, une administration éclairée, voilà ce qui rassurerait plus les prêteurs que les mines d'Almaden ou les octrois de Madrid. C'est à ses institutions, c'est à son gouvernement constitutionnel que la France a dû la confiance qu'elle a inspirée aux capitalistes de toute l'Europe, lorsqu'il a fallu lui fournir la somme énorme nécessaire à sa rançon; c'est son organisation sociale autant que

l'état prospère de son industrie qui leur a paru ré-
pondre de l'accomplissement fidèle de ses engagemens; et en effet où ne parviendrait-elle pas si
on lui donnait les institutions qui lui manquent ?
La France proclame aujourd'hui les bienfaits de
la révolution par le bien-être dont elle jouit ;
l'héritage de la philosophie et des lumières a pros-
péré dans son sein ; il a créé partout cette pas-
sion du travail et de la propriété , cette admi-
rable *laboriosité* , source pour les peuples , de
toute richesse et pour les souverains , de tout repos ;
car, quelle meilleure garantie peuvent-ils avoir de
leur puissance, que l'état prospère de leurs sujets ?

Loin de ces heureux résultats, la triste Espagne,
accablée du fardeau de ses vieilles institutions , se
traîne sous un gouvernement privé de tout moyen
d'administrer, frappé de discrédit au dehors et au
dedans , ne pouvant ni récompenser le dévouement
de ses serviteurs, ni contenir l'audace de ses enne-
mis , et obligé enfin d'implorer le concours des
bras étrangers pour arracher de ses habitans quelques emprunts forcés, quelques misérables impôts
que le malheur des temps les mettent dans l'impossibilité d'acquitter; telle est et sera la position de
ce pays, si on persiste à suivre l'ancien système,
auquel on paraît être revenu.

Etat de l'Espagne sous le nouveau système.

Après le sombre tableau que nous venons de tracer, il est consolant de penser que tous les maux qui accablent ainsi un souverain et une nation, peuvent à l'instant disparaître, et cela, par une seule mesure ferme et une administration habile; que l'Espagne peut en un moment passer de la plus profonde misère à la prospérité la plus haute, payer, en moins de cinq ans, intégralement, son immense dette, acquérir le premier crédit financier de l'Europe, élever son revenu bien au-delà de ses dépenses, et enfin se passer de colonies, et ne devoir qu'à elle-même ses richesses et son bien-être.

Ceci paraîtra une contradiction, une énigme après ce que nous venons de dire, et cependant l'explication en sera facile.

La dette de l'Espagne s'élève, sans doute, à 14 milliards de réaux, mais en l'examinant, on voit que les deux tiers appartiennent aux communautés religieuses, dont la suppression avait été décidée, et qu'ainsi la même opération, qui absorbe par la vente des biens-fonds une portion de la dette, en détruit le double par l'annullation des créances, tellement que cet immense fardeau se trouve réduit à 4,833,298,285 (v. app. E.), auquel, ajoutant les emprunts de Hollande et ceux des maisons Lafitte et Hardouin, ne font qu'un total de 5,273,298,280. Pour l'acquit de cette somme, la commission de crédit public présente une valeur en biens-fonds ecclésiastiques ou communaux disponibles, estimée 8,633,000,000 (v. app. F.), et dont les ventes partielles se sont élevées, dans quelques pays, tels que Séville et Tolède, au triple, et partout ailleurs au double de leur estimation (v. app. H.) Or, si ces biens se sont ainsi vendus dans un temps de discrédit, que ne serait-ce pas, lorsque les ventes auraient acquis la sanction du roi et l'autorisation de l'église ! On peut sans exagération porter la propriété des mainmortes aliénables par la couronne, à 15 milliards de réaux, dont un tiers seulement couvrirait la totalité de la dette, et le reste pourrait être employé soit à combler les déficits annuels, jusqu'au moment où le nouveau système de contribution direct aurait dépassé les dépenses, soit à servir de gage, et de gage bien assuré aux emprunts que le gouvernement aurait besoin de faire. En effet, les ventes ne s'opérant, dans les premières années, qu'en paiement de *vales*, il est certain qu'il rentrera peu d'argent au trésor public; mais cette mesure seule, qui assurerait en si peu de temps l'extinction de la dette, ouvrirait un crédit nouveau basé sur la masse considérable de biens-fonds restans ; les emprunts pourraient même s'effectuer dès à présent, d'accord avec le haut clergé, qui, pour avoir la direction de cette mesure, et sauver le plus qu'il pourrait des biens de l'église, entrerait peut-être en garantie des engagemens du gouvernement, et leur donnerait plus de consistance; tel individu qui ne veut point prêter à un ministère provisoire et sur de vaines garanties, ferait peut-être moins de difficultés de prêter à des chapitres tels que celui de Tolède, qui a 12 millions de réaux de revenu, ou à des corporations qui auraient l'assentiment de l'autorité royale et ecclésiastique. Ce serait une belle idée au clergé espagnol, de faire lui-même l'entreprise de l'extinction de la dette et de l'amélioration de toutes les branches des revenus de l'état; il s'attirerait la bénédiction des peuples, et retarderait par là le sacrifice presque total de ses biens, auquel la force des choses l'obligera tôt ou tard de se soumettre.

Le clergé français perdit une occasion semblable de se sauver et de sauver l'état. On lui demandait, au commencement de la révolution, un léger subside qu'il refusa, et six mois après, il offrait inutilement cinq cents millions pour éviter sa ruine. Si le clergé espagnol avait assez de patriotisme, et surtout de lumières *(pia desideria)*, pour entreprendre une pareille chose, le succès en serait aussi rapide que complet. C'est alors qu'on se précipiterait de tous côtés à l'acquisition des biens en vente, et on serait étonné de voir combien l'Espagne, en apparence si pauvre, renferme encore en elle des moyens de richesses. Il existe dans ce pays une grande quantité de petits capitaux, dont la méfiance seule arrête l'emploi, et qui se porteraient de préférence à l'acquisition des terres; de plus, tous les étrangers qui exploitent les grandes récoltes de vin et d'huile de la Catalogne, du royaume de Valence et de l'Andalousie, et qui habitent ces pays, n'attendent que l'occasion d'acquérir les biens-fonds dont ils doubleraient les revenus. On a déjà offert, de la seule chartreuse de Xérès, qui comprend le clos de Xérès et de Pacaret, 5o millions de réaux. Il en serait de même au bout de quelque temps pour les terres incultes, qui sont la plupart excellentes, et où le grain rapporte au moins vingt pour un, et ne perd que cinq pour cent à la monture.

Plusieurs objections ont été faites cependant, et le seront encore, contre cette mesure ; on n'a pas le droit, dira-t-on, de disposer de propriété consacrée à un but spécial, et appartenant à la volonté d'un fondateur; sans doute, mais quand ce but n'existe plus, que les intentions du fondateur ne peuvent plus se réaliser, la propriété tombe en déshérence comme celle des familles sans héritiers. Or, il en est ainsi de presque toutes ces institutions en Espagne. Les quatre ordres militaires ne défendent plus de villes et ne vont plus aux croisades. Les pères de la Merci, si riches dans la Catalogne et l'Arragon, ne rachètent plus de captifs ; les Dominicains, possesseurs de la moitié de Mayorque et du royaume de Valence, deviennent nuls à l'abolition de l'inquisition ; les Bernardins , Bénédictins des Asturies et de la Galice ne se livrent point, comme dans d'autres pays, à ces grands travaux qui illustrèrent leur ordre , et les Chartreux , qui possèdent la dixième partie des terres de l'Andalousie, s'occupent à peine de l'éducation des enfans (1).

Mais, dira-t-on, si même la raison autorise ces réformes , les préjugés du pays s'y opposeraient ; ceci est une erreur ; les biens des *confradias*, des *obras pias* , fondations, en quelque sorte, plus sacrées que celles des communautés, ont été vendus sous les règnes de Charles III et Charles IV, à égalité des autres biens au denier 30 , et dans l'espace d'un an , pour un milliard de réaux (2). De tout temps , les Espagnols éclairés ont réclamé contre l'extension disproportionnée des richesses du clergé. Antonio Peres et Osorio, qui vivaient dans le seizième siècle, se plaignent déjà de cet abus. On voit dans un mémoire, présenté par une junte à Charles II, en 1694, que le clergé possédait à Séville et à Tolède la presque totalité des maisons. Postérieurement , le conseil de Castille, le comte de Campo-Manes et d'autres écrivains distingués , présentèrent au roi, en 1764, une adresse à ce sujet, assurant que les mainmortes possédaient en Espagne près du tiers des propriétés , qui étaient

---

(1) C'est le seul service social que leur permettent leurs statuts.
(2) En 1802, Bourgoing , tome 3.

alors, en quelque sorte, perdues pour toute amélioration quelconque.

La dernière objection est que ces réformes produiront du refroidissement dans l'exercice de la religion. Ceci est encore une erreur; les ventes proposées ne portent aucune atteinte au clergé séculier, qui forme en Espagne un corps respectable et le seul qui soit constamment en rapport avec le peuple; la dépense de ce corps est évaluée, par M. Arguelles, à 340 millions de réaux qui sont couverts, et bien au-delà, par la moitié de la dîme (1),

---

(1) La dîme, cet impôt si injuste dans sa perception uniforme, est un des plus anciens en Espagne; il s'étendait autrefois sur tous les genres d'industrie, même sur les profits des filles publiques. (*En las malas mugeres de lo que ganaon con su cuerpo ley de partida*, 3ᵉ tit. 20, part. 2).

Il s'élève, suivant M. Cauga-Arguelles, à 600 millions, et d'après les documens tirés de la trésorerie, en 1808, il avait été jusqu'à 620 millions; mais d'après des renseignemens recueillis en 1820, on ne le calculait qu'à 335,694,000, estimation certainement trop faible : cette dîme ne rentrait point en totalité au clergé; elle était grevée des *noveno*, des *tercias reales* que nous avons indiqué plus haut sous le nom d'impôts divers sur le clergé, page 2; mais surtout de plusieurs quote-parts cédées à des particuliers. Les cortès, en affectant d'autres valeurs au remboursement de ces diverses créances, firent en sorte que la moitié de la dîme, ainsi libérée, et d'une perception facile, valut plus que ne valait autrefois la totalité. C'est en effet l'estimer très-bas que de ne la porter qu'à 250 millions : ce qui le prouve, c'est que sous le ministre Garay, le clergé confessa que ses revenus nets étaient de 270 millions de réaux, et on peut juger que cette déclaration était bien au-dessous de la réalité.

faisant 200 millions, le casuel, qui s'élève à peu près à cette somme, et une masse assez considérable de propriétés et de redevances qui ne sont point compris dans les ventes projetées. Il resterait donc à l'Espagne environ quarante mille prêtres séculiers, ce qui est un nombre plus considérable que le clergé de la France, sur une population deux fois moindre, et occasionant une dépense quadruple sur un budget qui n'est pas le quart du nôtre. Quant aux moines, il faut aussi établir une distinction entre les *frayles*, ou ordres mendians, et les *monges*, moines sédentaires : les premiers, qui parcourent les campagnes, ont peu de biens-fonds, et souvent même ne possèdent que la maison qu'ils habitent; on a considéré dans leur réforme plutôt le vice de leur institution que les avantages qu'on pouvait en tirer : il n'y aurait donc point d'inconvénient à se borner à restreindre leur nombre en faisant porter principalement la réforme sur les monges, qui possèdent les plus grandes propriétés. Les cortès, en supprimant entièrement les uns et les autres, et ne conservant que huit couvens pour toute l'Espagne, ont peut-être été au-delà de ce que la prudence indiquait dans le moment. Ce n'est pas qu'on n'exagère beaucoup l'influence de cette partie du clergé; les Espagnols sont pieux, mais ils savent fort bien distinguer les vrais ministres des autels de ceux qui n'en ont que l'habit. Ce fut un évêque qui se prononça avec le plus de force dans

les cortès pour l'abolition des communautés religieuses (1). Dans plusieurs provinces, on n'attendit
pas que les moines sortissent de leur couvent, on
les en chassa; et la défaveur fut tellement pronon-
cée contre cette profession, que, depuis 3 ans, le
nombre des individus du clergé régulier a diminué
d'un tiers (2).

Ce qui trompe les étrangers à cet égard, c'est de
prendre pour le peuple espagnol le bas peuple et
non point la masse des honnêtes habitans des campagnes et des villes. Il existe en Espagne, et il y
a déjà quinze ans que j'en ai donné l'état (3), 4 ou
500 mille individus vagabonds, contrebandiers, vo-
leurs, bohémiens, tondeurs de mules, valets sans
place, et surtout mendians et désœuvrés, recevant
la soupe à la porte des couvens, ou demandant
l'aumône près des églises. Ces misérables appar-

---

(1) Dans les cortès de 1820, où le premier décret sur les
moines fut approuvé, il y avait six évêques, dont cinq votèrent
pour le décret, et le sixième ne fit que de faibles objections. Dans
le comité d'examen composé de neuf individus, il y avait deux
évêques et trois autres ecclésiastiques qui furent tous d'accord
pour la mesure.

(2) De 1808 à 1814, le nombre des moines avait diminué de
près de moitié. Plusieurs furent obligés, en 1814, de rentrer
dans leur couvent ; mais en 1820 ils profitèrent de la facilité
que leur donnait le décret des cortès de se séculariser, et il y
eut des mois où on en sécularisa plus de mille.

(3) Itinéraire, tome 1er. Introduction.

tiennent sans distinction au parti qui les paie, et entraînent par la peur les honnêtes gens des lieux qu'ils habitent. Ce sont ceux qui composèrent toutes les guérillas de l'ancienne guerre ; ils venaient s'enrôler dans les troupes du nouveau roi, et sitôt qu'on les avait habillés, ils retournaient vagabonder dans les montagnes ; ce sont eux qui expulsaient naguère les moines de leurs couvens et aujourd'hui sont à leur solde, qui portaient Riégo en triomphe, et six mois après insultaient sa misère. On les entend partout crier : *Muera la constitucion! muera la nacion, muera el commercio!* sans savoir ce qu'ils disent, mais sachant bien ce qu'ils veulent, qui est le pillage et le meurtre. Odieuse vengeance, fléau du pays, et honte de l'humanité. Non, non, ce n'est point là le peuple espagnol ; ce n'est point là l'honnête *Labrador* (1), le laborieux *Arlesano* (2), et cette masse surtout de toutes les classes intermédiaires, aussi éloignées de chanter la *Tragala,* que de crier *vive le roi absolu et l'inquisition.*

C'est cependant cette immense majorité d'une nation qu'on voudrait confondre avec une troupe de misérables, ou juger d'après les imprudences de quelques exaltés, pour la priver des institutions qu'elle réclame, et dont elle est digne de jouir. C'est un peuple qui de temps immémorial se gou-

---

(1) Laboureur.
(2) Artisan.

verne lui-même, a les meilleures lois municipales, et présente l'aspect d'un pays fédératif qu'on oserait déclarer privé des lumières nécessaires pour intervenir dans ses intérêts généraux; et comment intervenir, en envoyant seulement chaque année quelques mandataires des provinces, chargés d'examiner les dépenses annuelles et de faire connaître leurs discussions par la liberté de la presse et la publicité des débats, car tout le gouvernement constitutionnel est là, et peu importe la forme de l'arbitrage social; mais c'est une des inventions de la servilité moderne de calomnier les peuples pour flatter les rois, et d'encourager les passions du pouvoir arbitraire pour profiter plus facilement de ses abus.

Cet amas de vagabonds, qui, semblables aux sauterelles de l'Orient, dévore la malheureuse Espagne, au lieu de la fertiliser, disparaîtra sitôt que ceux qui en font leur instrument n'auront plus les moyens de les soutenir, lorsqu'une administration vigoureuse et éclairée saura les contenir et les occuper, lorsque surtout une masse de biens-fonds versée dans la circulation, aura rendu partout le travail plus profitable et la propriété plus facile à acquérir.

Nous venons de parler d'une administration vigoureuse, et c'est en effet le second moyen pour l'Espagne, de parvenir à la richesse et à la prospérité; c'est elle qui pourrait doubler le revenu des douanes et de l'accise, absorbé de tout temps par la contrebande et la corruption (1); c'est elle qui se procurant des renseignemens statistiques exacts, asseoirait la contribution directe, de manière à la répartir également et à lui donner toute son action. Cette contribution s'élèvera très-haut, lorsque les mainmortes et les terres incultes seront réparties indistinctement; car ce serait même une bonne opération pour l'état de les donner gratuitement à défaut d'acquéreur. La plupart des biens nationaux, en France, paient aujourd'hui en impôts plus qu'ils ne rapportaient en revenu dans l'ancien régime. A côté de ces augmentations du revenu de l'état, une administration habile diminuerait les dépenses, sans nuire à la dignité de la couronne, ni à la puissance politique du pays; l'Espagne est merveilleusement située et organisée pour se passer d'un gouvernement central dispendieux; ses provinces s'administrent elles-mêmes, le ministère de l'intérieur paraît à peine dans le budget (2); on

______

(1) La contrebande s'est faite en Espagne d'une manière scandaleuse. Par la seule ville de Gibraltar, il entrait par jour, en échange de marchandise étrangère, une somme de 20,000 piastres. Des bandes étaient organisées sur toute la frontière du Portugal, pour l'introduction du tabac, et on peut dire que les douanes ne rapportaient pas le tiers de ce qu'elles auraient rendu sous une bonne administration.

(2) Il n'est porté que pour 8 millions de réaux dans le budget de 1820, tandis que le ministère de la guerre l'est pour 355.

vient même de le supprimer. Quel besoin l'Espagne a-t-elle d'une armée considérable depuis qu'elle n'est plus en contact avec l'Europe par les Pays-Bas ou la Lombardie? Qui voudrait aller la chercher aux colonnes d'Hercule? Une garde royale et une forte gendarmerie bien payée lui suffisent; les milices des provinces garantissent leur sûreté, et même, en temps de guerre, la défense de leur territoire. La conquête des colonies, qui seule pouvait motiver une armée, serait longue, difficile, et les résultats les plus heureux dans l'avenir ne vaudraient point les transactions commerciales, politiques et même pécuniaires, qu'on pourrait aujourd'hui conclure avec elles (1) : mais les véritables bienfaits que l'Espagne recevrait d'une administration éclairée serait l'emploi habile des fonds produits par la vente des biens nationaux qui pourraient, en dix ans, changer la face du pays; ses travaux embrasseraient simultanément l'ouverture des canaux de

----

(1) Les colonies espagnoles étaient administrées avec beaucoup de luxe, et cependant l'excédant de la recette sur la dépense était de plus de 200 millions de réaux, qui entraient au trésor public. Si ces provinces étaient déclarées indépendantes, elles pouvaient aisément, après toutes les dépenses de leur nouveau gouvernement, disposer d'une somme fort considérable pour aider la métropole, soit par une redevance annuelle, soit par les garanties d'un emprunt qui ne grèverait que très-faiblement leur finance, et serait d'un immense avantage pour l'Espagne dans ce moment.

communication et d'irrigation (1), des routes qui as-
sureraient les échanges des produits, et les relations
des provinces entre elles; l'exploitation des mines,
l'application des édifices ecclésiastiques supprimés
à des colléges, des manufactures, des ateliers de
charité, de grandes maisons de détention, des écoles
d'arts et métiers, l'introduction de toutes les ma-
chines et inventions nouvelles; enfin tout ce qui
tend à civiliser et à enrichir un peuple. Gouverné
de la sorte, ce pays offrirait aux étrangers riches
et industrieux, le séjour le plus doux et les entre-
prises les plus profitables, et on ne peut douter
qu'ils ne vinssent en foule habiter cette terre partout fertile, ce climat partout générateur, et l'heu-
reuse Hespérie mériterait de nouveau le nom de
Champs-Élysées qui lui fut donné par le père des
poètes.

---

(1) Le défaut de communication en Espagne est ce qui arrête
le plus le développement de toute industrie et d'échange. Le blé
est souvent à 60 fr. dans une province, tandis qu'il est à 15 dans
une autre. On a vu 30 p. 100 de différence dans les prix de den-
rée, entre Cordoue et Séville, qui sont à vingt lieues l'une de
l'autre, sur le Guadalquivir, par la seule raison que cette rivière
n'est pas navigable dans cet intervalle.

CONCLUSION.

Il résulte de cet exposé, 1° que les deux emprunts faits par le gouvernement espagnol sous le régime des cortès, et le dernier qu'on propose aujourd'hui sous le nom d'*emprunt royal*, sont les meilleurs placemens qu'on puisse faire en Europe, si le gouvernement suit la marche que nous venons d'indiquer, et que, dans le cas contraire, les uns et les autres rentrent dans la catégorie des *vales* ordinaires, qui perdent 95 pour 100 et n'ont même pas de cours établi.

2° Que la prospérité de l'Espagne serait entre les mains du souverain qui la gouverne, s'il avait la sagesse et l'énergie nécessaires pour adopter franchement et mettre à exécution le plan qu'il avait approuvé un moment, et que malheureusement on l'a détourné de suivre ; il aurait d'autant plus de mérite à cette entreprise, que sa position est devenue plus difficile aujourd'hui qu'elle n'était à cette époque ; il est obligé de s'appuyer sur le parti qu'il serait dans son intérêt de détruire ; il doit rendre au clergé ses biens vendus et lui garantir la conservation des autres, en échange de vains secours de vengeance et de persécutions, qui ne remédient à aucuns des maux. D'un autre côté, s'il veut se séparer de ces funestes auxiliaires, et ne point adopter cependant un régime constitutionnel, il faut qu'il se compose une force personnelle indépendante, chose assez difficile lorsqu'on ne possède ni revenu ni crédit. Le pouvoir arbitraire est un goût très-dispendieux qui nécessite des frais d'entretien payés à jour, et surtout un fond de premier établissement détruit depuis long-temps en Espagne. Aux difficultés, aux oppositions qui se manifesteront dans toutes les provinces, se joindra la nature de dangers dont le fanatisme a toujours entouré les princes réformateurs. Partout le pouvoir monacal a reçu d'utiles renforts. La société fameuse qui disposait jadis des peuples et des rois a secoué la poussière qui couvrait sa tête abattue ; elle s'est avancée avec calme, mais ses progrès sont d'autant plus rapides que sa marche est plus silencieuse. Où s'arrêtera-t-elle? Loin de nous de tristes présages; mais si les princes qui poursuivent d'utiles projets pouvaient être ébranlés un moment par la crainte du glaive qui frappa le meilleur des rois, qu'ils pensent à la gloire de ce nom chéri du pauvre, et craint du fanatique, ce nom si doux dans les chaumières, si grand dans les palais, et qui fait battre, de génération en génération, le cœur des gens de bien. Comment n'est-on pas ambitieux d'une si belle renommée? comment n'aspire-t-on pas à donner au monde le noble exemple de ces souverains supérieurs en lumière à leurs sujets, et luttant contre une partie d'entre eux pour le bonheur de tous? Tels furent Pierre-le-Grand, Catherine, Léopold, et surtout Joseph II, qui n'eut pas un succès aussi complet que les autres, mais dont la statue, quelques années après sa mort, s'élevait aux acclamations de ceux-là même qui avaient méconnu ses bienfaits.

Faisons des vœux pour que Ferdinand soit enfin sensible à un si beau triomphe, qu'il se persuade que la volonté est la reine du monde, et que rien ne lui résiste, quand elle est dirigée par la justice, la raison et le bien-être des hommes.

Pour nous, qui plus occupés des intérêts de l'humanité que de vains lauriers dont la victoire avait rassasié nos armes, avons toujours considéré la guerre d'Espagne comme une entreprise désastreuse, et qui persistons à la regarder comme telle dans ses résultats pour l'Espagne, quelle satisfaction n'éprouverions-nous pas de voir nos inquiétudes dissipées et la liberté, et les lumières naître de l'événement même qui devait les anéantir ! Et le prince éclairé qui a dirigé cette opération avec autant de sagesse que de courage, ne serait-il pas heureux de s'entendre proclamer non plus seulement le libérateur d'un roi, mais le bienfaiteur d'un peuple ?

APPENDICE.

(A)

PERTE DES EFFETS PUBLICS ESPAGNOLS.

	LE 20 FÉVRIER 1820, 1 mois av. la const.	EN MARS 1821.	EN JUILLET 1823.
Valès ordinaires.......	80	74	85
Valès non consolidés...	86	74 1/2	90
Intérêts des valès......	96	80 1/2	96 1/2
Certificats du trésor....	95 1/2	81	97

Il en fut de même des actions de la banque originairement de 2,000, qui étaient tombés à 160, remontèrent à 500, et retombèrent à 180; l'emprunt de Hollande de même, et enfin les derniers emprunts élevés en 1821 à 77, et cotés aujourd'hui à 24.

(B)

BUDGET GÉNÉRAL DE L'ANNÉE 1822.

(Ce budget n'est que pour mémoire, les élémens en étant détruits aujourd'hui.)

Voies et moyens.

	Réaux de veillon.	Estimation en francs.
Impôt territorial	150,000,000	37,500,000
Idem du clergé.	20,000,000	5,000,000
Idem des consommations.	100,000,000	25,000,000
Idem de maisons	20,000,000	5,000,000
Idem des patentes.	25,000,000	6,250,000
Restant à recouvrer du produit de la dîme	10,000,000	2,500,000
Tabacs	65,000,000	16,250,000
Sel	14,000,000	3,500,000
Douanes.	60,000,000	15,000,000
Timbre	30,300,000	7,575,000
Loteries	10,000,000	2,500,000
	504,300,000	126,075,000

	Réaux de veillon.	Estimation en francs.
Report.	504,300,000	126,075,000
Postes.	14,000,000	3,500,000
Bulles.	12,000,000	3,000,000
Impôts sur les voitures et domestiques.	2,000,000	500,000
Argent provenant d'Amérique	10,000,000	2,500,000
Économies dans les dépenses de l'administration des finances.	10,000,000	2,500,000
Impôts divers.	10,500,000	2,625,000
	562,800,000	140,700,000

Dépenses.

	Réaux de veillon.	Estimation en francs.
Famille royale.	45,212,000	11,303,000
Cortès	5,522,366	1,380,591
Affaires étrangères.	5,760,917	1,440,229
Intérieur	32,448,028	8,112,007
Outre-mer.	941,465	235,366
Justice	16,897,897	4,224,474
Finances (y compris 65,586,286 réaux pour le service des intérêts de la dette contractée depuis 1820, et de la dette hollandaise).	148,894,075	37,223,518
Guerre	328,633,983	82,158,495
Marine	80,501,590	20,125,647
	664,813,522	166,203,330

Récapitulation.

	Réaux de veillon.	Estimation en francs.
Voies et moyens	562,800,000	140,700,000
Dépenses	664,813,322	166,203,330
Excédant de dépense couvert par un emprunt d'égale somme.	102,013,322	25,503,330

(C)

DETTE DE L'ESPAGNE NE RAPPORTANT POINT D'INTÉRÊT.

Pensions perpétuelles.	269,999,725
Nantissemens.	1,666,425
Établissemens de piété.	651,703,728
Créances viagères.	123,997,066
Priviléges.	73,392,510
Banque.	169,783,515
A reporter.	1,290,542,969

Report.	1,290,542,969
Emprunts.	124,815,600
Droits sur le tabac.	84,345,814
Idem rachetables par les détenteurs.	38,504,340
Emprunts des négocians espagnols.	24,960,000
Idem d'autres particuliers.	22 360,000
Pensions.	14,040,000
Valès royaux.	837,059,480
Arriéré de la trésorerie jusqu'en 1815.	3,834,161,825
Consolidations.	35,000,000
Dette flottante de la trésorerie.	900,000,000
Total.	**7,205,772,028 f.**

(D)

DETTE DE L'ESPAGNE RAPPORTANT INTÉRÊT.

Pensions perpétuelles.	1,205,521,565 f.
Alcabalas.	224,507,286
Finance de charge remboursée.	250,000,000
Créance de l'infant don Pedro.	30,000,000
Crédits et pensions de Philippe V.	180,223,602
Valès royaux.	1,525,686,964
Domaines vendus à des établissemens de piété. . .	1,671,055,232
Emprunts étrangers.	291,750,000
Emprunt national.	576,868,305
Pensions particulières, et dépôts.	154,705,172
Pensions viagères.	167,032,698
Banque nationale, cinq compagnies privilégiées, philippine, etc.	502,451,530
Total.	**6,814,780,365**

(E)

ESTIMATION DES RÉDUCTIONS SUR LA DETTE PORTANT INTÉRÊTS.

	Réaux de veillon.	Estimation en francs.
Sur les capitaux relatifs aux juros (premiers emprunts de Philippe V), dont les titres ont été égarés pendant la guerre ou qui appartenaient à des monastères ou couvens, et qui sont par conséquent éteints.	1,000,000,000	250,000,000
A reporter.	1,000,000,000	250,000,000

	Réaux de veillon.	Estimation en francs.
Report.	1,000,000,000	250,000,000
Sur l'impôt connu sous le nom d'Alcavala, aliéné à des mainmortes ou usurpés d'après les décisions des cortès de Tolède de 1487.	44,901,456	11,225,364
Sur les capitaux des charges judiciaires ou municipales vendues par les gouvernemens précédens, et dont les capitaux doivent être remboursés. La réduction est estimée à 1/8ᵉ.	35,250,000	8,812,500
Sur les créances éteintes du temps de Philippe **V**, appartenant au clergé et aux communes, la réduction est estimée à 1/10ᵉ.	18,022,360	4,505,590
Sur les valès réaux, réduction estimée à 1/3.	500,000,000	125,000,000
Sur les capitaux provenant de la vente des biens appartenant à des mainmortes, autorisée par Charles IV, à condition de les payer en 5 0/0; leur montant était de 1,671,035,212 réaux de veillon, dont on doit déduire la quantité appartenant à des établissemens de piété maintenant supprimés.	1,300,000,000	325,000,000
Emprunts étrangers, dont le paiement était dans l'origine à la charge de l'établissement du crédit public, par conséquent compris dans la première estimation, et qui ensuite en a été soustrait et transféré au budget de l'état (1).	291,750,000	72,937,500
Sur la partie des emprunts nationaux éteints, réduction estimée à 1/10ᵉ. . .	57,686,830	14,421,707
Pensions viagères éteintes, réduction estimée à 1/20ᵉ.	8,551,634	2,087,909
22,500 actions de la banque de Saint-Charles, appartenant à des mainmortes.	74,250,000	18,562,500
Réduction d'un cinquième estimé des capitaux appartenant à des mainmortes dans les corporations gremiales de Madrid et de la compagnie des Philippines.	40,000,000	10,000,000
Réduction par estimation sur les capitaux appartenant aux jésuites. . . .	76,000,000	19.000.000
Total.	5,446,212.280	861,553,070

(1) Ces emprunts seraient toujours compris dans les budgets courans.

	Réaux de veillon.	Estimation en francs.
Estimation des réductions sur la dette qui ne porte pas intérêt.		
Sur les intérêts arriérés de la dette des juros.	100,000,000	25,000 000
Idem des établissemens de piété. . . .	400,000,000	100,000,000
Idem de la dette viagère.	60,000,000	15,000,000
Idem de la banque de San-Carlos et de la corporation gremiale de Madrid. .	100,000,000	25,000,000
Idem des prêts faits par les mainmortes.	600,000,000	150,000,000
Sur les intérêts dus aux communes dont les capitaux ont été éteints.	22,000,000	5,500,000
Idem des valès royaux qui appartenaient aux couvens et communes	279,000,000	69,750,000
Réduction sur le montant estimé des bons de consolidation en circulation. . .	26,000,000	6,500,000
Arriéré du trésor dû aux mainmortes après liquidation	4,134,161,825	1,033,540,456
Total.	5,721,161,825	1,430,290,456
Résumé des réductions.		
Sur la dette portant intérêt.	3,446,212,280	861,553,070
Sur celle qui ne porte pas intérêt . . .	5,721,161,825	1,430,290,456
La diminution totale sur les deux classes de dettes d'après les décrets rendus par les cortès, sera donc, selon les estimations ci-dessus, de	9,167,374,106	2,291,843,526
Si on soustrait cette somme de 14,020,572,491 de réaux, évaluation de la dette faite par les cortès de 1821, la dette totale de l'Espagne reste réduite à la somme de.	4,853,198,385	1,213,299,596

Sauf encore les diminutions que lui feront éprouver les liquidations successives.

(F)

	Réaux de veillon.	Estimation en francs.
Ressources pour amortir la dette, estimées au minimum de leurs valeurs.		
Propriété des établissemens de piété et confréries.	2,000,000,000	500,000,000
Commanderies des ordres militaires. .	400,000,000	100,000,000
Reste des propriétés des jésuites. . . .	25,000,000	6,250,000
Moitié des terres incultes.	2,000,000,000	500,000,000
Propriétés de l'inquisition.	50,000,000	12,500,000
A reporter.	4,475,000,000	1,118,750,000

(47)

	Réaux de veillon.	Estimation en francs.
Report.	4,475,000,000	1,118,750,000
Idem de la couronne, y compris les fabriques de Guadalaxara et des cristaux.	100,000,000	25,000,000
Idem de la dernière duchesse d'Alba. .	40,000,000	10,000,000
La vallée d'Allendia.	18,000,000	4,500,000
Propriétés des monastères et des couvens jusqu'à présent supprimés.	2,000,000,000	500,000,000
Idem du clergé séculier, en déduisant la partie appliquée aux propriétaires laïcs qui possédaient des dimes. .	2,000,000,000	500,000,000
Total.	8,633,000,000	158,250,000
Ayant estimé la dette à	4,853,198,385	1,213,299,596
L'excédant de l'hypothèque sur la dette sera donc de.	3,779,801,615	944,950,404

(H)

PROVINCES.	NATURE DES PROPRIÉTÉS.		PRIX d'estimation.	MONTANT de la vente.
Avila.	Couvens et Monastères. .		725,422	827,183
Cuença.	dito	dito.	547,640	389,862
Cindad-Réal. .	dito	dito.	584,321	642,236
	Comunaux.		36,282	78,994
Guadalaxara. .	dito	dito.	67,275	154,575
Lugo.	dito	dito.	51,533	103,333
Majorca.	dito	dito.	23,252	67,136
Malaga.	dito	dito.	349,748	1,064,679
Oviedo.	dito	dito.	176,724	293,326
Valencia. . . .	dito	dito.	93,250	187,980
Plasencia	dito	dito.	1,817,327	6,526,475
	Fondations.		16,600	32,000
Salamanca . . .	Couvens et Monastères. .		1,871,492	4,250,096
Santander. . . .	dito	dito.	621,145	1,857,692
Victoria.	dito	dito.	7,728	40,000
Zamora.	dito	dito.	1,473,848	2,059,695
Sarragossa. . . .	dito	dito.	611,533	967,789
			8,695,120	19,573,048

I

20

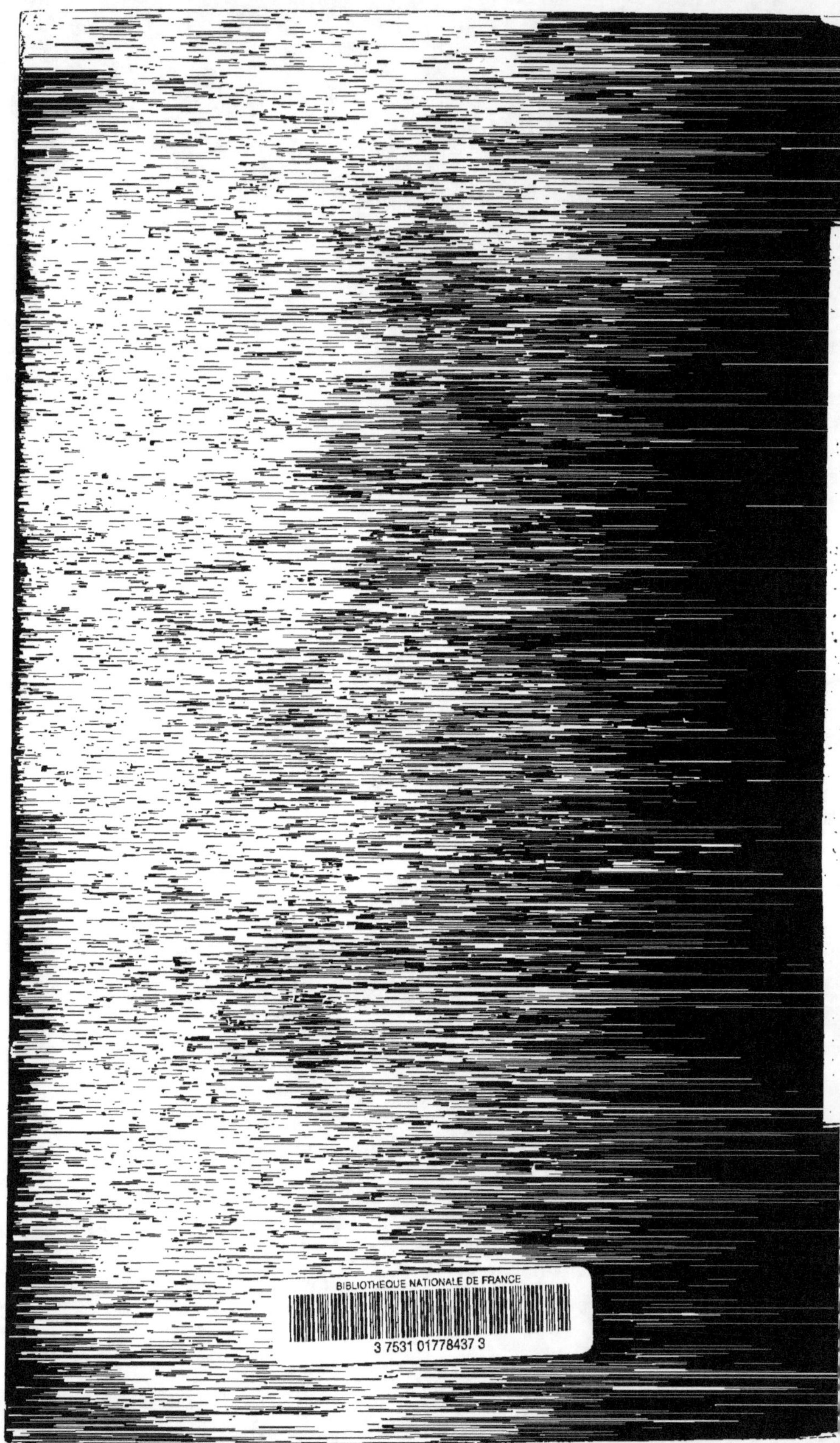